Rucksackfibel

RUCK SACK FIBEL

Gedanken
und Gebete für
unterwegs

Kreuz Verlag

Zusammengestellt von einem Team von Mitarbeiterinnen und Mitarbeitern der kirchlichen Jugendarbeit sowie Diakonen und Pfarrern

Herausgegeben von Johannes Thiele

6 7 8 00 99 98 97

Umschlaggestaltung: Jürgen Reichert
Umschlagfoto: Flaig, Stuttgart
Satz: Steffen Hahn FotoSatzEtc., Kornwestheim
Druck und Bindung: Spiegel Buch GmbH, Ulm
ISBN 3 7831 0956 6

Der Weg ist das Ziel

Wie man das Reisen er-fahren kann:

Über das Aufbrechen und Loslassen,
das Unterwegssein und Ankommen,
die Heimat in der Fremde,
das Suchen und Finden,
das Abreisen und Abschiednehmen
und den Geschmack der Freiheit.

Die Hoffnung, die das Risiko scheut,
ist keine Hoffnung …
Hoffen heißt,
an das Abenteuer der Liebe glauben,
Vertrauen zu den Menschen haben,
den Sprung ins Ungewisse tun
und sich ganz Gott überlassen.

HELDER CAMARA

Heute ist der erste Tag
vom Rest deines Lebens.

Vergessen Sie nie:
Das Leben ist eine Herrlichkeit.

RAINER MARIA RILKE

Einmal wieder leben
Einmal wieder tief durchatmen
Einmal wieder haltmachen
Einmal wieder in sich hineinleuchten
Einmal wieder mit sich ins reine kommen
Einmal wieder Bilanz ziehen vor Gott
Einmal wieder ausruhen
Einmal wieder Distanz gewinnen
Einmal wieder verdauen und verarbeiten
Einmal wieder danken und beten
Einmal wieder schauen und hören
Einmal wieder riechen und schmecken
Einmal wieder tasten und fühlen
Einmal wieder leben

MANFRED FRIGGER

Ich möchte gerne frei sein von meiner Angst, gegen den Strom zu schwimmen, damit ich tun kann, was recht ist.

Ich möchte gerne frei sein von dem Zwang, immer nur an mich selber zu denken, damit ich auch den anderen sehe.

Ich möchte gerne frei sein von meiner Art, den bequemen Weg zu gehen, damit ich mich mit gutem Gewissen freuen kann über das Erreichte.

Ich möchte gerne frei sein von der Lieblosigkeit anderen gegenüber, die mir nicht liegen, damit es mir nachher nicht leid tut.

Ich möchte gerne frei sein von meinem Neid auf jeden, der etwas ist oder hat; denn Neid macht nicht fröhlich.

Ich möchte gerne frei sein von meiner Schuld, die mich immer wieder bedrückt, damit ich neu anfangen kann.

Wenn Christus euch befreit, dann seid ihr wirklich frei.

Ich habe endlich Ferien.
Alle Last der Schule
und alle Verpflichtungen des Betriebes
kann ich jetzt hinter mir lassen.
Vor mir liegt eine Welt,
die mich einlädt, sie einzuatmen.
Vor mir liegt ein Stück des Paradieses.
Ich habe Zeit, zu mir zu finden
und ein wenig die Ewigkeit zu kosten.
Gott, ich danke dir dafür.
Gib mir den Mut,
nicht vor mir selbst zu fliehen.
Laß mich hineinlauschen in deine Schöpfung
und ihre Geheimnisse.
Laß mich sehend werden
für die Spuren deiner Schönheit um uns.
Und schenke mir vor allem den Mut,
wie ein Kind zu sein,
das spielend sich selbst loslassen kann.

KLEMENS ULLMANN

Ein Feriengottesdienst

Einführung

Die letzte Runde des Arbeitsjahres liegt hinter uns. Zurückgeblieben sind Schulaufgaben und Haushalt, Firmenprogramm und Terminkalender. Auf diese Tage haben wir uns gefreut wie auf ein Fest. Für manche ist der Urlaub so etwas wie ein in der Nüchternheit des Alltags untergegangenes Paradies, das er einmal im Jahr für kurze Zeit besuchen darf, um Mensch zu sein. Aber Urlaub muß nicht Flucht aus der Wirklichkeit bedeuten. Er gibt uns – als der große Sonntag des Jahres – die Chance, neue Zuversicht und Freude zu gewinnen für den weiteren Weg.

Tagesgebet

Herr,
gib mir heute einen neuen Himmel
und eine neue Erde.
Gib mir das Staunen des Kindes,
dessen Blick sich der Welt zum erstenmal öffnet.
Gib mir die Freude des Kindes,
das in jedem Ding deinen Glanz entdeckt,

einen Abglanz deiner Herrlichkeit
in allem, was ihm entgegentritt.
Gib mir die Freude dessen,
der seine ersten Schritte macht.
Gib mir das Glück dessen,
für den das Leben täglich neu,
unschuldig und voller Erwartung ist.
Gib mir, daß ich alle Dinge in Christus sehe,
Bäume und Felder, Tiere und Menschen.
O mein Gott,
mache aus mir einen dankbaren Menschen!

AUS POMEYROL/FRANKREICH

Lesung

Geh, iß mit Freuden dein Brot und trinke deinen Wein mit fröhlichem Herzen. Denn längst hat Gott deinen Weg bestimmt. Trage festliche Kleider und mache dich schön. Genieße das Leben mit der Frau, die du liebhast, alle die flüchtigen Tage, die dir unter der Sonne gegeben sind. Denn das ist dein Teil im Leben, das ist der Lohn deiner Mühsal unter der Sonne.

KOHELET 9,7–9

Evangelium

Darum sage ich euch: Macht euch keine Sorgen um Essen und Trinken und um eure Kleidung. Das Leben ist mehr als Essen und Trinken, und der Körper ist mehr als die Kleidung. Seht euch die Vögel des Himmels an. Sie säen nicht, sie ernten nicht, sie sammeln keine Vorräte – aber euer Vater im Himmel sorgt für sie; und ihr seid doch viel mehr wert als alle Vögel. Wer von euch kann durch Sorgen sein Leben auch nur um einen Tag verlängern? Und warum macht ihr euch Sorgen um das, was ihr anziehen sollt? Seht, wie die Blumen auf den Feldern wachsen. Sie arbeiten nicht und machen sich keine Kleider.

MATTHÄUS 6,25–28

Credo

Ich glaube an dich, den Geist der Freiheit, der uns verbindet zur Kirche und zu den Menschen.
Ich glaube an dich, Jesus Christus, der sich nicht abgefunden hat mit dem Bösen der Welt.
Frieden beginnt bei uns, er beginnt beim Zuhören und Sprechen.
Frieden ist möglich, denn du, Christus, bist unser Frieden.

Fürbitten (I)

Herr, du hast uns die Sprache gegeben. Hilf uns, sie richtig anzuwenden und nicht andere zu verurteilen.
Wir bitten dich, erhöre uns.

Wir bitten dich für alle, denen die Bereitschaft fehlt, sich im Gespräch mit anderen Menschen zu öffnen.
Wir bitten dich, erhöre uns.

Herr, hilf uns, daß wir freier über unsere Probleme und Sorgen sprechen und daß wir einander besser verstehen.
Wir bitten dich, erhöre uns.

Durch dich, Herr, wollen wir versuchen, Mißverständnisse und Konflikte friedlich und verständnisvoll zu lösen.
Durch Christus, unseren Herrn. Amen.

Fürbitten (II)

Herr, unser Gott, auch in den Ferien jagen wir nach dem Glück. Wir lassen uns treiben durch Prestigedenken und meinen, in Genuß und Reichtum glücklich zu werden.
Deshalb bitten wir dich:

– für jene, die dauernd unterwegs sind – daß sie nicht erst an den Fotos zu Hause sehen, wo sie gewesen sind; *wir bitten dich, erhöre uns.*

– für jene, die Ferienangebote machen und Reisen organisieren – daß sie den Gästen wirkliche Bereicherung bieten und sie nicht ausbeuten; *wir bitten dich, erhöre uns.*

– für Eltern und Kinder – daß sie nicht nur Zeit für ihre eigenen Interessen finden, sondern auch für die Bedürfnisse der anderen; *wir bitten dich, erhöre uns.*

– für uns alle – daß wir unser Geld nicht vergeuden und daran denken, daß viele Menschen sich keine Ferien leisten können; *wir bitten dich, erhöre uns.*

Herr, das sind unsere Bitten. Wir legen sie dir vor, weil wir glauben, daß du auch in der Ferienzeit mit uns bist. Weil wir glauben, daß du es bist, der unserem Leben tiefe Erholung gibt.

Gabenbereitung

Herr, in diesen Gaben schenkst du dich uns. So machst du uns fähig, einander unsere Zeit, gute Worte, ein fröhliches Gesicht, uns selbst zu schenken. Gib uns ein verstehendes Herz füreinander und belebe gerade durch diesen Gottesdienst unsere Ferienatmosphäre.

Schlußgebet

Gott, wir werden unsere tägliche Arbeit für einige Tage unterbrechen, um Ferien zu machen. Wir möchten sie nicht gehetzt hinter uns bringen, sondern unsere Umwelt und uns selbst in Ruhe erleben. In diesen Tagen sind uns sehr viele Möglichkeiten geboten, uns zu entspannen. Wir möchten versuchen, eine Auswahl zu treffen, die nicht nur uns, sondern auch den anderen Freude bereitet.

Segen

Mögen sich die Wege
vor deinen Füßen ebnen,
mögest du
den Wind im Rücken haben,

möge die Sonne warm
dein Gesicht bescheinen,
mögen die Regentropfen
sanft auf deine Felder fallen,
und,
bis wir uns wiedersehen,
möge Gott
seine schützende Hand
über dir halten.

ALTIRISCHER SEGENSWUNSCH

Ein Forschungsreisender unternahm einmal einen Gewaltmarsch durch den Urwald am oberen Amazonas. Zunächst kam die Expedition unerwartet schnell vorwärts. Am dritten Morgen aber blieben alle Einheimischen mit ernsten Mienen auf den Fersen sitzen und machten keine Anstalten, aufzubrechen. Erstaunt fragte der Forscher ihren Anführer, ob die Träger mehr Geld verlangten oder mit dem Essen nicht zufrieden seien. »O nein, mein Herr«, antwortete der Sprecher, »wir können nicht weitergehen, weil unsere Seelen zurückgeblieben sind, und nun müssen wir warten, bis sie unsere Körper wieder eingeholt haben.«

EUGEN RUCKER

Ein in Meditation erfahrener Mann wurde einmal gefragt, warum er trotz seiner vielen Beschäftigungen immer so gesammelt sein könne. Er sagte:
»Wenn ich stehe, dann stehe ich.
Wenn ich gehe, dann gehe ich.
Wenn ich sitze, dann sitze ich.
Wenn ich esse, dann esse ich.
Wenn ich spreche, dann spreche ich.«
Da fielen ihm die Fragesteller ins Wort und sagten:
»Das tun wir doch auch.«
Er aber sagte zu ihnen: »Nein,
wenn ihr sitzt, dann steht ihr schon;
wenn ihr steht, dann lauft ihr schon;
wenn ihr lauft, dann seid ihr schon am Ziel.«

Der Herr ist mein Hirte,
nichts wird mir fehlen.
Er läßt mich lagern auf grünen Auen
und führt mich zum Ruheplatz am Wasser.
Er stillt mein Verlangen;
er leitet mich auf rechten Pfaden,
treu seinem Namen.

Muß ich auch wandern in finsterer Schlucht,
ich fürchte kein Unheil;
denn du bist bei mir,
dein Stab und dein Stock geben mir Zuversicht.

PSALM 23, 1–5

Warum reisen wir? Auch dies, damit wir Menschen begegnen, die nicht meinen, daß sie uns kennen ein für allemal; damit wir noch einmal erfahren, was uns in diesem Leben möglich sei. – Es ist ohnehin schon wenig genug.

Max Frisch

Einen ganzen Tag lang im Sommer warteten fünfzig Urlauber eines Busses aus Flensburg am Großglockner, um diesen zu sehen. Sie sahen indessen nur Nebel und Wolken und graues Geröll und ein wenig Schnee. Sosehr sie auch schauten mit Augen und Gläsern, es war nichts zu sehen. Jedoch zu zweifeln an diesem Berg, an seinem realen Vorhandensein, sah keiner sich abends genötigt, als sie den Bus dann bestiegen. Selbst Herr Koch, der ansonsten nur glaubt, was er sieht (mit eigenen Augen), sonst nichts, hatte fünf Ansichten des großen Glockners in Farben gekauft und schrieb hintendrauf von unvergeßlichen Eindrücken. Und hatte selber gar nichts gesehen als Nebel.

Lothar Zenetti

Guten Tag«, sagte der kleine Prinz. »Guten Tag«, sagte der Weichensteller. »Was machst du da?« »Ich sortiere die Reisenden nach Tausenderpaketen. Ich schicke die Züge, die sie fortbringen, bald nach rechts, bald nach links.« Und ein lichterfunkelnder Schnellzug, grollend wie der Donner, machte das Weichenstellerhäuschen erzittern. »Sie haben es sehr eilig. Wohin wollen sie?« »Der Mann von der Lokomotive weiß es selber nicht.«

Und ein zweiter Schnellzug donnerte vorbei, in entgegengesetzter Richtung. »Sie kommen schon zurück?« »Das sind nicht die gleichen. Das wechselt.« »Waren sie nicht zufrieden dort, wo sie waren?« »Man ist nie zufrieden dort, wo man ist.« Und es rollte der Donner eines dritten funkelnden Schnellzuges vorbei. »Verfolgen diese die ersten Reisenden?« »Sie verfolgen gar nichts. Sie schlafen da drinnen oder sie gähnen auch. Nur die Kinder drücken ihre Nasen gegen die Fensterscheiben.« »Nur die Kinder wissen, wohin sie wollen«, sagte der kleine Prinz.

ANTOINE DE SAINT-EXUPÉRY

Rast!
Gast sein einmal.
Nicht immer selbst seine Wünsche bewirten
mit kärglicher Kost.
Nicht immer feindlich nach allem fassen;
einmal sich alles geschehen lassen
und wissen:
Was geschieht, ist gut.

RAINER MARIA RILKE

Herr,
mein Urlaub ist schön.
Ich war müde und abgespannt.
Ich war gereizt und habe oft falsch reagiert.
Die Menschen um mich her
hatten darunter zu leiden.

Das Ausschlafen, das Lesen, das Wandern,
das Zeit-Haben…, wie gut tut das.
Ich kann dich neu entdecken.
Darin läßt du mich neue Kraft schöpfen.
Nun kann ich den Menschen wieder
gelassen, offen und liebevoll begegnen.

Herr, ich danke dir
für die Leute, die die Arbeit für mich machen,
während ich im Urlaub bin;
für die Begegnung mit anderen;
für die vielen freundlichen Gesichter;
für die vielen kleinen Dinge, die ich neu
oder anders sehen kann;
für das Wetter, mag Sonne oder Regen sein;
für die Zeit, einen Ameisenhaufen zu betrachten;
für die Gastfreundschaft anderer Völker;
für die Möglichkeit der Selbstfindung;
für die ausreichende Verpflegung und Versorgung;
für die kulturellen Angebote;
für die Schönheit der Natur, die ich entdecken
und bestaunen darf;
für den klaren Sternenhimmel;
für…
Herr, ich danke dir.

NORBERT KOLLENDA

Ich glaube, daß manche Menschen fern von ihrer wahren Heimat geboren werden. Der Zufall hat sie in eine bestimmte Umgebung gestellt, aber sie haben immer Heimweh nach einem unbekannten Land. Sie sind Fremde an ihrem Geburtsort, und die grünen Heckenwege, die sie seit ihrer Kindheit kennen, oder die belebten Straßen, auf denen sie gespielt haben, bleiben nur ein Durchzugsort. Vielleicht ist es dieses Gefühl der Fremdheit, das Menschen in die Ferne treibt auf der Suche nach etwas Bleibendem, an das sie sich halten können. Bisweilen stößt ein Mensch auf einen Ort, dem er sich geheimnisvoll verbunden fühlt.

Hier ist die Heimat, die er sucht; er wird sich niederlassen in Gegenden, die er nie zuvor gesehen, unter Menschen, die er nie gekannt hat, und doch ist es ihm, als wären sie ihm von Geburt an vertraut. Hier findet er endlich Ruhe.

Somerset Maugham

Heimat sind die Menschen,
die wir verstehen und die uns verstehen.

Max Frisch

Herr,
so ist es auch jetzt darin,
das Sterben,
wie in jedem Abschied.
Doch denk' ich zurück…
Wie bin ich angekommen?
Wie fahre ich ab?
Der Koffer ist schwerer geworden.
Die Augen sind leuchtender.
Das Herz ist randvoll.
Bezahlt ist alles,
doch unbezahlbar sind die Schätze in mir.
Diese Truhe geb' ich nicht auf, die bleibt bei mir;
die Hoffnung gebe ich nicht aus der Hand.
Nur dies lass' ich zurück auf einem kleinen Zettel:
Auf Wiedersehn!

KURT WEIGEL

Je glücklicher einer ist,
desto leichter kann er loslassen.

DOROTHEE SÖLLE

Wir müssen das Loslassen lernen.
Es ist die große Lektion des Lebens.

JULIE SCHLOSSER

Die Sehnsucht nach Anderswo

Was man für sich allein tun kann:

Über das Aufwachen und Staunen,
das Zeithaben und Wünschen,
das Gebären neuer Gedanken und Ideen,
das Leise und Zarte
und das Gespräch mit Gott.

Wisch weg die Spuren
der Nacht.
Verjag den Tod aus mir.
Mach mich heller
als der heraufgekommene Tag.
Laß mich dich sehen,
der selbst erschienen ist,
eingehüllt in das Licht
dieses Tages.
Laß mich lachen,
hebe mein Herz empor,
mach mir Freude.

Laß mich hier sein,
mach mich gegenwärtig.
Gib mir Verantwortung
für Menschen.
Damit ich aufmerksam
und barmherzig bleibe.
Damit mich Schmerz und Sorgen
nicht stumpf machen.
Daß mich die Kraft zur Liebe
nicht verläßt.

Führe den Tag der Gerechtigkeit
schneller herbei.
Schau nicht länger zu,
daß da und da in dieser Welt
Menschen gefoltert werden,

Kinder getötet;
daß wir die Erde schänden
und einander das Licht
wegnehmen.

In unserem Gewissen
wecke Zorn und Scham,
damit wir umkehren,
zurück zu deinem Wort.

HUUB OOSTERHUIS

Wir sind erwacht. Der Schlaf ist noch in unseren Augen, aber auf unseren Lippen soll sofort dein Lob sein. Wir loben und wir preisen dich und beten dich an. Wir, das ist die Erde, das Wasser und der Himmel. Das sind die Gräser und Sträucher und Bäume. Das sind die Vögel und all das andere Getier. Das sind die Menschen hier auf der Erde. Alles, was du erschaffen hast, freut sich an deiner Sonne und an deiner Gnade und wärmt sich daran. Darum sind wir so froh in dieser Morgenstunde, o Herr. Mach, daß die Stunden und Minuten nicht in unseren Händen zerrinnen, sondern in deine Fülle münden.

AUS AFRIKA

Ich bin so knallvergnügt erwacht.
Ich klatsche meine Hüften.
Das Wasser lockt. Die Seife lacht.
Es dürstet mich nach Lüften.

Aus meiner tiefsten Seele zieht
Mit Nasenflügelbeben
Ein ungeheurer Appetit
Nach Frühstück und nach Leben.

JOACHIM RINGELNATZ

Herr, ich werfe meine Freude
wie Vögel an den Himmel.
Die Nacht ist verflattert, und ich freue mich
am Licht.

Deine Sonne hat den Tau weggebrannt
vom Gras und von unseren Herzen.
Was da aus uns kommt, was da um uns ist
an diesem Morgen, das ist Dank.

Herr, ich bin fröhlich heute am Morgen.
Die Vögel und Engel singen, und ich jubiliere auch.
Das All und unsere Herzen sind offen
für deine Gnade.
Ich fühle meinen Körper und danke.
Die Sonne brennt meine Haut, ich danke.

Das Meer rollt gegen den Strand, ich danke.
Die Gischt klatscht gegen unser Haus, ich danke.

Herr, ich freue mich an der Schöpfung
und daß du dahinter bist und daneben
und davor und darüber und in uns.

Ich freue mich, Herr,
ich freue mich und freue mich.
Die Psalmen singen von deiner Liebe,
die Propheten verkündigen sie.
Und wir erfahren sie:
Weihnachten, Ostern, Pfingsten und Himmelfahrt
ist jeder Tag in deiner Gnade.

Herr, ich werfe meine Freude
wie Vögel an den Himmel.
Ein neuer Tag, der glitzert und knistert,
knallt und jubiliert von deiner Liebe.
Jeden Tag machst du. Halleluja, Herr!

AUS WESTAFRIKA

Alles hat seine Zeit

Alles hat seine Stunde, und es gibt eine Zeit
für jede Sache unter der Sonne:
eine Zeit zu gebären und eine Zeit zu sterben,
eine Zeit zu pflanzen und eine Zeit zu ernten,
eine Zeit zu töten und eine Zeit zu heilen,
eine Zeit, einzureißen, und eine Zeit, aufzubauen,
eine Zeit zu weinen und eine Zeit zu lachen,
eine Zeit zu klagen und eine Zeit zu tanzen,
eine Zeit zu suchen und eine Zeit zu verlieren,
eine Zeit, aufzubewahren, und eine Zeit,
fortzuwerfen,
eine Zeit, zu zerreißen, und eine Zeit zu nähen,
eine Zeit zu schweigen und eine Zeit zu reden,
eine Zeit zu lieben und eine Zeit zu hassen,
eine Zeit des Krieges und eine Zeit des Friedens.

PREDIGER 3,1–8

Ich bin glücklich, ich bin frei. Zeit für mich,
Zeit für dich.
Ich erwarte viel –
öffne mir die Augen für die Schönheit deiner Welt,
gib mir wache Ohren für die Stimme
der Schöpfung.
Ich danke dir für die Zeit der Freiheit.
Laß mich Kraft sammeln, um freundlicher zu sein.

Ich werde Menschen erleben, vertraute und
fremde,
ich danke dir und bitte dich, laß mich ihnen
zuhören,
ihnen und ihrer Welt begegnen und sie verstehen,
denn ich habe Zeit.

Gib mir Worte und Taten, die froh machen.
Deine Liebe sei mit mir auf allen Wegen.
Laß mich heimkehren, reich an Erfahrungen
und mit neuer Kraft.

Herr meiner Stunden und meiner Jahre,
du hast mir viel Zeit gegeben.
Sie liegt hinter mir
und sie liegt vor mir.
Sie war mein und wird mein,
und ich habe sie von dir.
Ich danke dir für jeden Schlag der Uhr
und für jeden Morgen, den ich sehe.
Ich bitte dich nicht, mir mehr zu geben.
Ich bitte dich aber um viel Gelassenheit,
jede Stunde zu erfüllen.
Ich bitte dich, daß ich ein wenig von dieser Zeit
freihalten darf von Befehl und Pflicht,
ein wenig für Stille,
ein wenig für das Spiel,
ein wenig für die Menschen am Rande
meines Lebens,
die einen Tröster brauchen.
Ich bitte dich um Sorgfalt,
daß ich meine Zeit nicht töte,
nicht vertreibe, nicht verderbe.
Jede Stunde ist ein Streifen Land.
Ich möchte ihn aufreißen mit dem Pflug,
ich möchte meine Liebe hineinwerfen,
Gedanken und Gespräche, damit Frucht wächst.
Segne du meinen (Ferien-)Tag.

JÖRG ZINK

Guten Tag«, sagte der kleine Prinz.
»Guten Tag«, sagte der Händler.
Er handelte mit höchst wirksamen, durststillenden Pillen. Man schluckt jede Woche eine und spürt überhaupt kein Bedürfnis mehr zu trinken.
»Warum verkaufst du das?« fragte der kleine Prinz.
»Das ist eine große Zeitersparnis«, sagte der Händler.
»Die Sachverständigen haben Berechnungen angestellt. Man spart dreiundfünfzig Minuten in der Woche.«
»Und was macht man mit diesen dreiundfünfzig Minuten?«
»Man macht damit, was man will...«
»Wenn ich dreiundfünfzig Minuten übrig hätte«, sagte der kleine Prinz, »würde ich ganz gemächlich zu einem Brunnen laufen...«

ANTOINE DE SAINT-EXUPÉRY

Ich bin eigentlich ganz anders,
aber ich komme so selten dazu.

ÖDÖN VON HORVÁTH

Ein chinesischer Professor kam nach Berlin. Sein deutscher Kollege erwartete ihn am Bahnhof. Als sie zum großen Bahnhofsvorplatz kamen, sah der Deutsche den Bus an der Haltestelle. Schnell ergriff er die Hand des Chinesen. »Kommen Sie rasch!« rief er ihm zu. Die beiden liefen hastig über den Platz und stiegen eilig in den Bus, der sich – kaum daß sie drinnen waren – in Bewegung setzte. Aufatmend schaute der Deutsche auf die Uhr und sagte: »Gott sei Dank! Jetzt haben wir zehn Minuten gewonnen!« Der Chinese aber fragte ihn mit sanfter Stimme: »Und was machen wir mit diesen zehn Minuten?«

WLADIMIR LINDENBERG

Ein Fischer sitzt am Strand und blickt auf das Meer, nachdem er die Ernte seiner mühseligen Arbeit auf den Markt gebracht hat. Warum er nicht einen Kredit aufnehme, fragt ihn ein Tourist. Dann könne er einen Motor kaufen und das Doppelte fangen. Das brächte ihm Geld für einen Kutter und einen zweiten Mann ein. Zweimal täglich auf Fang hieße das Vierfache verdienen! Warum er eigentlich herumtrödele? Auch ein dritter Kutter wäre zu beschaffen; das Meer könnte viel besser ausgenutzt werden, ein Stand auf dem Markt, Angestellte, ein Fischrestaurant, eine Konservenfabrik – dem Touristen leuchten die Augen. »Und dann?« unterbricht ihn der Fischer. »Dann brauchen Sie gar nichts mehr zu tun. Dann können Sie den ganzen Tag hier sitzen und glücklich auf Ihr Meer hinausblicken!« – »Aber das tue ich doch jetzt schon«, sagt darauf der Fischer.

HEINRICH BÖLL

Ich brauche Zeit,
unangefüllte Zeit,
um mich aus der Verströmung
und Zersplitterung zurückzuholen.
Ich will wieder die Mitte finden,
die mein Leben zusammenhält,
will mir selbst in die Augen sehen
und still werden,
um so wieder wirklich leben zu können.
Liebe wird von Stille und Leere genährt.

Gott bietet sich als Mitte an.
Er will das Zentrum sein,
die Achse, um die sich alles dreht,
der Kern in allen Dingen.

Er ist der Kreis, in dem wir frei sind.
Und in dem Kreis ist er das Kreuz,
an dem wir sterben und auferstehen
zu einem Leben der Liebe.

ULRICH SCHAFFER

Mit der Zeit umgehen lernen, Tage, Stunden und Augenblicke ausschöpfen und so sich mit den Grenzen der Zeit befreunden.
Jedem Tag sein eigenes Recht geben; dem Spiel, dem Gespräch, den Plänen, dem Werk, der Fröhlichkeit, dem Nachdenken und dem Schlaf seine eigene Schönheit und Schwere lassen, und so auch den letzten Tag mit Vertrauen durchleben.
Nach Möglichkeit nichts tun, dessen Wiederholung man nicht wünschen könnte.
Allabendlich jeden Streit beenden, ehe die Sonne untergeht, und nichts Ungeordnetes durch die Tage und Wochen schleppen.
Anderen ihre Schuld vergeben und Vergebung für die eigene Schuld erbitten und dies so, daß es nichts Ungewöhnliches, sondern etwas Tägliches ist. Darauf vertrauen, daß man Vergebung empfangen hat, von Gott und den Menschen, und dafür danken.

Jörg Zink

Nicht mehr denken
daß man etwas tun muß
nur noch weil man will
und wann
und wie lange
die freiheit
sich nicht schuldig zu fühlen
einmal nichts zu tun
nur etwas an sich tun lassen
nur ausspannen
die augen schließen
die sonne und den wind spüren
nicht mehr reden
nichts planen
aus und ein atmen
nur merken daß ich bin
und daß etwas um mich ist
gott in mir raum gewinnen lassen
und bereit sein
gott diese und alle zeit zu übergeben

ULRICH SCHAFFER

Daß wir Zeiten der Entspannung und der Zurückgezogenheit brauchen, ist selbstverständlich. Es sind vor allem Zeiten, in denen wir Abstand gewinnen, Zeiten der Sammlung, Zeiten, in denen die Liebe Wurzeln schlagen kann.

JOHN A. T. ROBINSOHN

Ich rufe den wind
wind antworte mir
ich bin sagt der wind
bin bei dir

ich rufe die sonne
sonne antworte mir
ich bin sagt die sonne
bin bei dir

ich rufe die sterne
antwortet mir
wir sind sagen die sterne
alle bei dir

ich rufe den menschen
antworte mir
ich rufe – es schweigt
nichts antwortet mir

CHRISTA REINIG

Seltsam, im Nebel zu wandern.
Einsam ist jeder Busch und Stein,
kein Baum sieht den andern.
Jeder ist allein.

Voll von Freunden war mir die Welt,
als mein Leben noch licht war;
nun, da der Nebel fällt,
ist keiner mehr sichtbar.

Wahrlich, keiner ist weise,
der nicht das Dunkel kennt,
das unentrinnbar und leise
von allen ihn trennt.

Seltsam, im Nebel zu wandern!
Leben ist Einsamsein.
Kein Mensch kennt den andern.
Jeder ist allein!

Hermann Hesse

Ich steh zwischen Himmel und Erde
im Schnittpunkt von Geburt und Tod
wache auf, schlafe ein
fange an, höre auf
gebe weg, nehme an
sprech mich aus und schweig

Ich bin allein, such Gesellschaft
fühl mich schwach, fühl mich stark
Ich lach und wein
atme aus atme ein

Ich geh mal trunken, mal nüchtern
beschwingt und gelähmt
wage und zaudere
bete und fluche
suche und find

BRUNO DÖRIG

Viel Kälte ist unter den Menschen,
weil wir nicht wagen,
uns so herzlich zu geben,
wie wir sind.

ALBERT SCHWEITZER

Was ich habe, will ich nicht verlieren, aber
wo ich bin, will ich nicht bleiben, aber
die ich liebe, will ich nicht verlassen, aber
die ich kenne, will ich nicht mehr sehen, aber
wo ich lebe, da will ich nicht sterben, aber
wo ich sterbe, da will ich nicht hin:
Bleiben will ich, wo ich nie gewesen bin.

THOMAS BRASCH

In den Augen aller Menschen wohnt ein unstillbares Begehren. In den Pupillen der Menschen aller Rassen, in den Blicken der Kinder und Greise, der Mütter und liebenden Frauen, in den Augen des Polizisten und des Angestellten, des Abenteurers und des Mörders, des Revolutionärs und des Diktators und in denen des Heiligen: in allen wohnt der gleiche Funke unstillbaren Verlangens, das gleiche heimliche Feuer, der gleiche unendliche Durst nach Glück und Freude und Besitz ohne Ende. Dieser Durst, den alle Menschen spüren, ist die Liebe zu Gott.
Gott ist die Heimat aller Menschen. Er ist unsere einzige Sehnsucht. Gott ist im Innersten aller Kreatur verborgen und ruft uns.

ERNESTO CARDENAL

Wenn du Gott suchst,
dann frage um Himmels willen
nicht die Theologen.

Denn über ferne Länder
können emsige Briefmarkensammler
nicht viel berichten.

Wenn du Gott suchst,
dann frage bei jenen nach,
die Sehnsucht haben.

OTMAR SCHNURR

Mein Garten ist wie ein Wald«, sagte Joschi. »Ringsherum ist alles zugewachsen, man kann nicht hineinsehen. In der Mitte ist eine Wiese mit Blumen, aber es gibt keinen Weg und keine Beete. Ein Bach läuft mittendurch. Am Ufer wachsen solche Blumen wie diese dort.« »Schwertlilien?« fragte die Frau. »So ähnliche«, sagte Joschi. »Und dann habe ich eine Hütte in meinem Garten, nein, eigentlich zwei. Eine ist oben in einem Baum, man muß an einer Strickleiter hinaufklettern. Die andere steht zwischen den Bäumen in meinem Wald. Daneben ist der Gemüsegarten, da habe ich Radieschen und Salat gepflanzt und auch ein paar Kartoffeln. Abends ist es besonders schön. Dann rauschen die Bäume, und ich sitze mit meinen Freunden am Feuer.« »Du mußt ja auch zur Schule gehen«, sagte die Frau. »Ja«, sagte er, »natürlich.« »Und deine Eltern erlauben dir, daß du ganz allein im Garten schläfst?« »Ich habe doch gar keinen Garten«, sagte Joschi.

URSULA WÖLFEL

Mal kommt sie still,
dann wieder stürmisch.
Sie durchzieht dich wie eine Welle,
oder sie klopft vorsichtig an.
Sie malt die Bilder, die dich anspornen,
aber fast unerreichbar sind,
und doch willst du zu ihnen gelangen.

Sie macht dir angst in ihrer Wildheit,
und doch spürst du gerade dann
dein Lebendigsein.

Sie weckt dich auf,
wenn du dich arrangiert hast.
Sie erinnert dich an deine Ziele.
Sie kann drängen und warten.
Sie gibt nicht auf. Sie kann fliegen.

Sie ist Zeichen und Hoffnung,
tiefer Grundton und Schmerz.
Ihre Energie holt dich heraus
aus der Gewöhnung,
in der du sonst grau in grau untergingst.

Sie ist die Stärke deiner Suche.
Sie ist die Stimme in den Stimmen in dir.
Sie ist das Gebet hinter jedem Gebet.
Sie gibt dir Ausdauer und Mut,
sie hat den Weitblick
und weiß, was noch in dir steckt.

...die Sehnsucht,
Partnerin in deiner Entwicklung.

ULRICH SCHAFFER

Auf der Schwelle des Hauses

In den Dünen sitzen.
Nichts sehen als Sonne.
Nichts fühlen als Wärme.
Nichts hören als Brandung.
Zwischen zwei Herzschlägen glauben:
Nun ist Frieden.

GÜNTER KUNERT

Investieren Sie Liebe in ein Haus,
und es wird ein Heim werden.
Investieren Sie Redlichkeit in eine Stadt,
und es wird ein Gemeinwesen entstehen.
Investieren Sie Wahrheit in rote Ziegelsteinwände,
und es wird eine Schule daraus.
Investieren Sie Religion in das bescheidenste Bauwerk,
und es wird eine Zufluchtsstätte werden.
Investieren Sie Gerechtigkeit
in den weitgespannten Bogen menschlichen Strebens,
und es entsteht eine Zivilisation.

RABBI ALEXANDER M. SCHINDLER

Drinnen duften die Äpfel im Spind,
Prasselt der Kessel im Feuer.
Doch draußen pfeift Vagabundenwind
Und singt das Abenteuer!

Der Sehnsucht nach dem Anderswo
Kannst du wohl nie entrinnen:
Nach drinnen, wenn du draußen bist,
Nach draußen, bist du drinnen.

MASCHA KALÉKO

Wer bin ich? Sie sagen mir oft, ich träte aus meiner Zelle gelassen und heiter und fest wie ein Gutsherr aus seinem Schloß. Wer bin ich? Sie sagen mir oft, ich spräche mit meinen Bewachern frei und freundlich und klar, als hätte ich zu gebieten. Wer bin ich? Sie sagen mir auch, ich trüge die Tage des Unglücks gleichmütig, lächelnd und stolz, wie einer, der Siegen gewohnt ist. Bin ich das wirklich, was andere von mir sagen? Oder bin ich nur das, was ich selbst von mir weiß? Unruhig, sehnsüchtig, krank, wie ein Vogel im Käfig, ringend nach Lebensatem, als würgte mir einer die Kehle, hungernd nach Farben, nach Blumen, nach Vogelstimmen, dürstend nach guten Worten, nach menschlicher Nähe, zitternd vor Zorn und Willkür und kleinlichster Kränkung, umgetrieben vom Warten auf große Dinge, ohnmächtig bangend um Freunde in endloser Ferne, müde und leer zum Beten, zum Denken, zum Schaffen, matt und bereit, von allem Abschied zu nehmen? Wer bin ich? Der oder jener? Bin ich denn heute dieser und morgen ein anderer? Bin ich beides zugleich? Vor Menschen ein Heuchler und vor mir selbst ein verächtlich wehleidiger Schwächling? Oder gleicht, was in mir noch ist, dem geschlagenen Heer, das in Unordnung weicht vor schon gewonnenem Sieg? Wer bin ich? Einsames Fragen treibt mit mir Spott. Wer ich auch bin, du kennst mich, dein bin ich, o Gott!

DIETRICH BONHOEFFER

Ich habe Augen,
wir haben Augen,
du, der du Augen hast zu sehen,
halte sie offen.

Ich habe Ohren,
wir haben Ohren,
du, der du Ohren hast zu hören,
verstopf sie dir nicht.

Ich habe einen Mund,
wir haben einen Mund,
du, der du einen Mund hast, laß ihn übergehen,
wenn dein Herz voll ist.

Ich habe Atem,
wir haben Atem,
du, der du Atem hast, gib ihn denen,
denen die Luft ausgegangen ist.

Ich habe ein Herz,
wir haben ein Herz,
du, der du ein Herz hast, laß es sichtbar werden
in deinem Gesicht.

MONIKA SCHOISSWOHL

Ich will bei der Wahrheit bleiben.
Ich will mich keiner Ungerechtigkeit beugen.
Ich will frei sein von Furcht.
Ich will keine Gewalt anwenden.
Ich will in jedem zuerst das Gute sehen.

MAHATMA GANDHI

Ich bin.
Aber ich habe mich nicht.
Darum werden wir erst.

ERNST BLOCH

Was willst du machen aus deinem Leben,
was willst du werden, es steht dir frei:

Ein wandelnder Terminkalender,
ein Kerzenleuchter für das Fest,
ein Briefbeschwerer ganz aus Eisen,
ein Aschenbecher für den Rest?
Ein Aktendeckel mit Rezepten,
ein Hut, ein Lied, ein Zirkuszelt,
ein Gläschen Wein, ein Sofakissen,
ein Stückchen Himmel auf der Welt?

Was willst du machen aus deinem Leben,
was willst du werden, es steht dir frei...

LOTHAR ZENETTI

Wußten sie schon
daß die nähe eines menschen
gesund machen
krank machen
tot und lebendig machen kann
wußten sie schon
daß die nähe eines menschen
gut machen
böse machen
traurig und froh machen kann
wußten sie schon
daß das wegbleiben eines menschen
sterben lassen kann
daß das kommen eines menschen
wieder leben läßt
wußten sie schon
daß die stimme eines menschen
einen anderen menschen
wieder aufhorchen läßt
der für alles taub war
wußten sie schon
daß das wort
oder das tun eines menschen
wieder sehend machen kann
einen
der für alles blind war
der nichts mehr sah
der keinen sinn mehr sah in dieser Welt

und in seinem leben
wußten sie schon
daß das zeithaben für einen menschen
mehr ist als geld
mehr als medikamente
unter umständen mehr
als eine geniale operation
wußten sie schon
daß das anhören eines menschen
wunder wirkt
daß das wohlwollen zinsen trägt
daß ein vorschuß an vertrauen
hundertfach auf uns zurückkommt
wußten sie schon
daß tun mehr ist als reden
wußten sie das alles schon
wußten sie auch schon
daß der weg vom wissen über das reden
zum tun
interplanetarisch weit ist

WILHELM WILLMS

Ich liebe das Leben in der Familie.
Ich liebe das junge, hoffnungsfrohe Leben
der Kinder,
die noch voller Verheißung sind,
voller Wagnis und Fragen.
Ich liebe das Leben der Jugendlichen,
in denen am deutlichsten der Schwung und die
Kraft und die Begeisterung zu spüren ist.
Ich liebe das Leben, wie es sich zeigt
bei einem Tanzfest, bei einer lustigen Gesellschaft,
beim Spiel.
Ich liebe das Leben in der Stadt,
und ich freue mich über die belebten Straßen,
in denen das Leben strömt, fährt, hastet,
jagt und schlendert.
Ich liebe das Leben, das aus der Kunst spricht.
Ich liebe die Technik und alles, was sie uns
an Erleichterung beschert.
Ich liebe die Musik, die mich einhüllt und
verzaubert, die ausspricht,
was man mit Worten nicht sagen kann.
Ich liebe das Leben in der Natur,
in der kleinsten Blume und im großen Wald,
auf den Bergen und am Meer,
in den Schwärmen der Vögel und den
ziehenden Wolken, im plätschernden Regen
und im wilden Sturm.
Ich liebe das Leben, wie immer es sich zeigt.

Es kommt mir vor wie ein großer Teppich;
alle Geschöpfe der vergangenen Jahrtausende
haben daran gewebt, alle, die nach uns kommen
werden, dürfen auch daran weben.
Und in diesem Augenblick der Gegenwart,
da sind wir berufen, am Teppich des Lebens
zu weben, wir alle, die wir jetzt leben.
Möge das Muster, das wir arbeiten,
wenn schon nicht groß,
so doch wenigstens schön und gut sein.

ACTION 365

Programm für eine kleine Revolution

1
Sieh in die Wolken.
Entdecke nichts in ihnen.
Achte nicht darauf,
welche sich auflösen
und welche größer werden.

Werde eine Wolke.
Laß dich vom Wind treiben.
Laß dich los.
Laß los.

Laß doch los.

2
Laß einen wichtigen Termin verfallen,
etwas, wo du unabkömmlich bist.

Beweise deine Abkömmlichkeit.

3
Fahre/gehe
auf einem anderen Weg
zur Arbeit/Schule
und laß dir Zeit,
viel Zeit.

Dann lerne
innerlich
andere Wege zu gehen.

4
Bestrafe dich nicht.
Glaube dir,
daß du leben willst.

Du weißt doch,
daß du nicht so dumm bist,
so gegen dich zu sein,
wie die anderen dir unterstellen.

5
Glaube einen Augenblick lang,
daß Gott von deinen Gedanken an ihn
abhängig sein könnte.

6
Bekämpfe deine Träume nicht.
Glaube ihnen.
Sieh in ihnen deinen Wunsch nach Leben.
Mache sie wahr.

7
Achte dich hoch,
daß du den andern
höher als dich selbst achtest.

8
Lies alle Eintragungen unter dem Buchstaben »C«
in einem Taschenlexikon.
Lies sie alle.

Entdeckst du,
daß es draußen
noch eine andere Welt gibt
als die deines Karussells,
auf dem du dich bis zum Umfallen drehst?

Entdecke diese Welt.
Werde ein Experte über John Cabot
(italienischer Seefahrer 1425–1498)
oder lies ein Stück von Calderon
(»Das Leben ein Traum« würde ich dir empfehlen).
Reise mal nach Calw
(da ist Hesse geboren),

oder besieh dir Bilder von Carpaccio
(das könnte doch für ein Jahr »dein«
Maler werden).
Versuche eine ganz leichte Komposition von
Chopin auf dem Klavier zu spielen
(sag nicht immer gleich »kann ich nicht«).

Öffne dir die Welt.
Tritt in sie ein.
Was du draußen findest,
wird in dir etwas zum Klingen bringen.

9
Geh und stelle dich
wie ein Baum in die Landschaft.
Laß deine Wurzeln wachsen,
erlebe deine Krone.

Über dir ist blauer Himmel
(auch wenn es regnet).
Gott hat ihn blau gemacht,
weil er sich über dich als Baum freut.

10
Stell dir vor, daß die Augen deiner Freundin,
deines Freundes, deines Kindes, deines Vaters
Teiche sind, in die du tauchen kannst.

Jetzt schwimmst du in ihnen
und erfährst ihre Tiefe.

11
Gib deiner Angst einen Namen:
»Emma« meinetwegen
oder »Unfähigkeit« oder »Vergangenheit«,
und schreib der Angst einen Brief
und schreibe auch die Antwort auf,
die dir die Angst schickt.

12
Sag nein
ohne schlechtes Gewissen.
Du entscheidest.

13
Rufe jemand an
und rede anders als sonst:
direkter, offener,
sei in deinen Worten.
Sprich über das, was du fühlst
(du darfst dich sogar blamieren).

Sei doch nicht so vorhersagbar.

14
Denke an Gott,
nicht als Gott,
sondern als Freund,
den du besuchen kannst.

Schreib ihm einen Brief.
Rede mit ihm am Telefon,
ohne eine Nummer zu wählen.
Alle Nummern gehören ihm.

15
Schreibe hundertmal auf
»Ich kann mich verändern«
und glaube daran,
indem du dir ein mögliches, erreichbares
Programm
liebevoll zusammenstellst.

Ulrich Schaffer

Wie oft nahm ich mir vor, zu fliehen
einen eignen Standpunkt zu beziehen
doch jedesmal aus Angst vor der Entscheidung
zog ich mich in mein Schneckenhaus zurück.
Wie oft hab' ich gedacht, ich geh' nun
und ging nicht, denn ich wollte keinem weh tun
im Grunde spiel' ich allzu oft Theater
und merke gleich, es ist ein schlechtes Stück.

Hilf mir, zu mir selbst zu finden,
dann find' ich auch zu dir,
denn ich fühle immer stärker,
daß ich mich verlier'.
Hilf mir, zu mir selbst zu finden,
wir ergänzen beide uns so sehr.
Das, was du zu leicht nimmst,
nehm' ich viel zu schwer.

Wie oft nahm ich mir vor, zu sagen,
was ich denke, und nicht erst zu fragen,
was andre etwa davon halten könnten,
und blieb am Ende dann doch wieder still.
Wie oft nahm ich mir vor, zu leben,
zu leben und mir selbst mehr zu vertrauen
und nicht dauernd nach Hinz und Kunz zu schauen,
bis man schon nicht mehr weiß, was man nun will.

Hilf mir, zu mir selbst zu finden,
dann find' ich auch zu dir,
denn ich fühle immer stärker,
daß ich mich verlier'.
Hilf mir, zu mir selbst zu finden,
wir ergänzen beide uns so sehr.
Das, was du zu leicht nimmst,
nehm' ich viel zu schwer.

HERMAN VAN VEEN

Ich sehe den sanften Wind in den Lärchen gehn
und höre das Gras wachsen
und die andern sagen: Keine Zeit!

Ich sehe den wilden Wassern zu
und den Wolken über den Bergen,
und die andern sagen: Wozu?

Ich sehe den Schmetterlingen nach
und den spielenden Kindern,
und die andern sagen: Na und?

Ich kann mich nicht satt sehen
an allem, was ist,
und die andern sagen: Was soll's?

Ich bewundere dich, o mein Gott,
in allem, was lebt,
und die andern sagen: Wieso?

LOTHAR ZENETTI

Leg mein Gesicht frei, mach mich schön.
Wer mich entlarvt hat, wird mich finden.
Ich hab Gesichter, mehr als zwei,
Augen, die tasten vor im Blinden,
Herzen aus Angst, die vor Angst vergehn.
Leg mein Gesicht frei, mach mich schön.

Leg mein Gesicht frei, mach mich schön.
Wer sich entlarvt sieht, wird gefunden
und wird ganz neu sich selbst verstehn,
wird leben, offen, unumwunden
und nirgends hin verloren gehn.
Leg mein Gesicht frei, mach mich schön.

HUUB OOSTERHUIS

Laß mich dienen ohne Aufdringlichkeit, laß mich andern helfen, ohne sie zu demütigen. Mach mich mit dem Boden vertraut und allem, was niedrig ist und unansehnlich, daß ich mich kümmere, um was sich niemand kümmert, und lehre mich warten, zuhören und schweigen. Mach mich klein und so arm, daß auch andere mir helfen können. Schick mich auf den Weg in diese Welt.

HUUB OOSTERHUIS

Herr,
ich möchte manchmal alles,
was sich so wichtig gebärdet, hinter mir lassen.
Meinen Beruf und die unablässige Arbeit,
manchmal sogar meine nächsten Menschen,
und möchte frei sein für mich und für dich.

Aber dann sehe ich deinen Weg:
Zu den Menschen bist du gegangen.
Zu den Mühsamen und Verdrehten,
denen so viel Unwichtiges wichtig ist
und mit denen so schwer zu leben ist.
Ich sehe deinen Weg und möchte ihn gehen,
aber ich möchte dabei frei sein wie du.

Ich will nicht mehr fragen,
was man von mir erwartet,
und nur noch hören, was du von mir willst.
Ich kümmere mich nicht mehr um den Geist
dieser Zeit,
dem ich mich fügen soll.
Denn du bist der Geist,
und du willst, daß ich frei bin.

Ich will mich nicht mehr ängsten.
Und wenn die Angst mir zu schaffen macht,
soll sie mich nicht mehr überwältigen.
Denn du bist der Geist der Freiheit,
und du hast dich geängstet wie ich.

Ich brauche mich nicht mehr zwingen zu lassen
von den Gedanken anderer,
denn es ist deine Gnade,
wenn meine Gedanken frei sind,
meine Entschlüsse klar,
meine Liebe ohne Täuschung
und meine Güte von Stimmungen frei.

Herr, mach dem halben Leben ein Ende,
der halben Freiheit und der halben Güte.
Gib mir dich selbst, so bin ich frei.

Jörg Zink

Ich lasse mich dir, Herr, und bitte dich:
Mach ein Ende aller Unrast.

Meinen Willen lasse ich dir.
Ich glaube nicht mehr, daß ich selbst
verantworten kann,
was ich tue und was durch mich geschieht.
Führe du mich und zeige mir deinen Willen.

Meine Gedanken lasse ich dir.
Ich glaube nicht mehr, daß ich so klug bin,
mich selbst zu verstehen,
dieses ganze Leben oder die Menschen.
Lehre mich deine Gedanken denken.

Meine Pläne lasse ich dir.
Ich glaube nicht mehr, daß mein Leben
seinen Sinn findet
in dem, was ich erreiche von meinen Plänen.
Ich vertraue mich deinem Plan an,
denn du kennst mich.
Meine Sorgen um andere Menschen lasse ich dir.
Ich glaube nicht mehr,
daß ich mit meinen Sorgen irgend etwas bessere.
Das liegt allein bei dir. Wozu soll ich mich sorgen?
Die Angst vor der Übermacht der anderen
lasse ich dir.
Du warst wehrlos zwischen den Mächtigen.
Die Mächtigen sind untergegangen. Du lebst.
Meine Furcht vor meinem eigenen Versagen
lasse ich dir.
Ich brauche kein erfolgreicher Mensch zu sein,
wenn ich ein gesegneter Mensch sein soll
nach deinem Willen.
Alle ungelösten Fragen, alle Mühe mit mir selbst,
alle verkrampften Hoffnungen lasse ich dir.
Ich gebe es auf, gegen verschlossene Türen
zu rennen,
und warte auf dich. Du wirst sie öffnen.
Ich lasse mich dir. Ich gehöre dir, Herr.
Du hast mich in deiner guten Hand. Ich danke dir.

Jörg Zink

In den Tagen der Angst und der Einsamkeit,
bei schwierigen Übergängen und in Bedrängnis,
gibst du, Herr, mir Stärke.

Im Kampf für Wahrheit und Gerechtigkeit,
im Einsatz und in der Enttäuschung,
machst du, Herr, mich gewiß.

Wenn ich traurig bin oder wenn ich lache,
bei den alltäglichen Dingen und bei der Arbeit,
bist du, Herr, mein Begleiter.

Immer bist du, Herr,
die Freude in meinem Leben
und der Friede auf meinem Weg.

AUS BRASILIEN

Läßt du deine Füße beten?
Läßt du deine Hände beten?
Läßt du deine Augen beten?
Läßt du deine Haut beten?

Spricht dein Mund ohne Worte?
Spricht dein Arm in der Luft?
Spricht dein Geschlecht?
Spricht dein Hunger?

Leben deine Bewegungen?
Lebt deine Meinung?
Leben deine Finger, jeder einzeln?
Lebt deine Phantasie, bunt?

Betet dein Seufzen?
Betet deine Entspannung?
Betet deine Erwartung?
Betet deine Freude?

Bist du in deinem Schlaf?
Bist du in deiner Wohnung?
Bist du in deiner Sprache?
Bist du in dir?

Kennst du das Gebet deiner Sehnsucht?
Kennst du das Gebet deiner Enttäuschung?
Kennst du das Gebet deiner Verzweiflung?
Kennst du das Gebet deines Traumes?

Betest du so,
daß du dich hören kannst,
auch ohne die Worte,
denen du nicht traust?

ULRICH SCHAFFER

Herr, mach mich zu einem Werkzeug
deines Friedens,
daß ich liebe, wo man haßt;
daß ich verzeihe, wo man beleidigt;
daß ich verbinde, wo Streit ist;
daß ich die Wahrheit sage, wo Irrtum ist;
daß ich Glauben bringe, wo Zweifel droht;
daß ich Hoffnung wecke, wo Verzweiflung quält;
daß ich Licht entzünde, wo Finsternis regiert;
daß ich Freude bringe, wo der Kummer wohnt.

FRANZISKUS VON ASSISI

Herr, erwecke deine Kirche,
und fange bei mir an.
Herr, baue deine Gemeinde,
und fange bei mir an.
Herr, laß Frieden überall auf Erden kommen,
und fange bei mir an.
Herr, bring deine Liebe und Wahrheit zu allen
Menschen,
und fange bei mir an.

GEBET EINES CHINESISCHEN CHRISTEN

skizze zu einem abendgebet

Herr
wie kann ich
dir
danken
für den
großen
erfolg mit
dem es mir
heute
wieder
gelungen ist
mich an
dir
vorbeizudrücken.

Josef Reding

Wenn man schlafen geht,
soll man die Sorgen in die Schuhe stecken.

aus Schweden

Beten
indem man atmet
nachdenkt die Augen
schließt sich verwahrt
sich auftut und schaut
plant organisiert es
gut machen will
die Sache einrenkt
weiterdenkt
Beten im Gehn
auf eigenen Beinen
auf dieser Straße
in und mit dieser Welt
Gebet als Arbeit
die Phantasie und die
schwierige Hoffnung
die Aufmerksamkeit
der innere Ruck
das Telefongespräch
oder am Reißbrett am
Schalter am Schreibtisch
die Feile in der Hand
die Schürze um
Beten im Alltag
in allem und jedem
zu Hause das Glück das
Glas in der Hand
Umarmung im Schweiß

Gebet mit der Haut
mit den Fingern der Zunge
geflüstert gestreichelt
verströmende sich
vergessende Andacht
das Einssein der Puls
die Mitternachtsmette
und der Morgen in Grau
das Augenreibgebet
auf ein Neues macht's gut
und ach Gott und nur so
und doch
einfach Vertrauen

LOTHAR ZENETTI

Man kann die Welt nur nach dem verstehen,
was man erlebt.

ANTOINE DE SAINT-EXUPÉRY

Etwas schön finden
heißt ja wahrscheinlich vor allem:
Es finden.

ROBERT MUSIL

Die Welt ist größer
als das Fenster,
das du ihr öffnest.

Träume fangen an zu leben

Was man gemeinsam mit anderen tun kann:

Über das Erfahren der Gemeinschaft,
das Sich-Versöhnen und -Verschwistern,
das Feiern und Essen,
das Teilen und Lieben
und das Abenteuer der Freundschaft.

Gott, du bist immer unter uns,
du willst nicht Not und Elend,
sondern unbeschwerte Freude.
Du leidest mit jedem,
der auf der Erde leidet.
Du nimmst jeden auf,
der dir alle seine Lasten anvertraut,
so, als würdest du uns überall, an jedem Ort,
im Haus eines Bruders empfangen.

Wer sich von dir aufnehmen läßt,
erkennt mit seinem inneren Blick,
jenseits seiner eigenen Verwirrung,
einen Widerschein des verherrlichten Christus,
des Auferstandenen.
Wenn das Erbarmen Jesu Christi
in ihm durchscheint,
lebt der Mensch jedesmal von neuem auf.

Frère Roger Schutz

Christus, weil du auferstanden bist, bist du der Lebendige, willst du aus uns nicht halbtote, sondern lebendige Menschen machen. Vor dir halten wir uns in tiefer Erwartung: wir wissen, daß du uns den Weg bereitest, der vom Zweifel hinüber zum Glauben, von der Besorgnis hin zum Vertrauen führt, das aus dem Herzen kommt.

Frère Roger Schutz

Wir sind leer und gleichzeitig angefüllt mit überflüssigen Waren und Gütern. Es besteht eine seltsame Beziehung zwischen den vielen Dingen, die wir besitzen und konsumieren, und der Leere unseres Daseins. Überflüssige Dinge machen das Leben überflüssig.

Ärmer werden und mit immer weniger Gewalt auskommen, das ist die Umkehr zur Fülle des Lebens. Der Reichtum des Menschen liegt in seinen Beziehungen zu anderen, in seinem Dasein für andere. Die Fülle des Lebens wird nicht weniger, wenn wir sie miteinander teilen, sondern vermehrt sich.

Christus befreit uns von der das Leben fressenden Armut und von der das Leben aufsaugenden inneren Leere in eine neue Gemeinschaft hinein, in der wir einander nicht mehr Gewalt antun müssen, sondern einander glücklich machen können.

Dorothee Sölle

Am reichsten sind die Menschen,
die auf das meiste verzichten können.

Rabindranath Tagore

Gib unseren Herzen einen Stoß.
Laß uns nicht zuviel für uns bitten.
Solange wir noch Schuhe an den Füßen haben,
laß uns für Menschen bitten, die keine Füße haben.
Und achte darauf,
daß wir alles mit denen teilen,
die nichts haben.

Herr, du kennst alle:
Du kennst die, die nichts haben.
Und du kennst die, die alles haben,
dicke Wagen, schöne Häuser und viel Geld.
Du kennst die, die nicht genug zu essen haben.
Und du kennst die, die halbe Teller voll Essen
wegschieben.
Du kennst die, die in Ungerechtigkeit ersticken.
Und du kennst die, die auf Kosten anderer
immer reicher und mächtiger werden.
Wir alle sind deine Kinder.
Wir alle brauchen dich.
Wir brauchen deine Liebe,
damit wir uns gegenseitig lieben können.
Gib unseren Herzen einen Stoß.

NACH EINEM GEBET AUS AFRIKA

Essen

Wahrscheinlich sind die meisten von uns mit Tischgebeten aufgewachsen. Ob es das bekannte »Komm, Herr Jesus, sei du unser Gast...« war oder ein freigesprochenes Dankgebet für das Essen auf dem Tisch, früher oder später ist es für viele schwer geworden, wirklich hinter dem Tischgebet zu stehen und es jedesmal von Herzen beten zu können. Angesichts einer Hungersnot, ob in Bangladesch, Äthiopien oder Mosambik, sind für viele auch Worte wie »Und gib den Hungernden auf der ganzen Welt ihr tägliches Brot...« nicht mehr aussprechbar. Sie bleiben ihnen im Halse stecken.

Aber eine Mahlzeit ganz ohne Gebet zu beginnen ist für viele ebenso schwer. Es fehlt etwas, und man hat Angst vor einer unempfindsamen Selbstverständlichkeit im Annehmen von solchen Kostbarkeiten wie Milch, Brot, Reis, Kartoffeln und Frucht. Und so spricht man halt ein Dankgebet oder liest vielleicht eins von einem Schriftsteller, der sich darüber mehr Gedanken gemacht zu haben scheint. Erst wieder das Verbalisierte scheint den Menschen zu beruhigen.

Auch hier suche ich nach einer integrierteren Form der Dankbarkeit und der Reaktion auf das, was vor mir zum Essen dasteht. Ich erlebe die Handlung des Essens als etwas sehr Schönes und merke, wie konzentriert ich dabei sein kann, während mir die meisten Tischgebete wirklich wie eine fromme Pflicht vorkommen. Diese Konzentration während des Essens sagt mir etwas. Mit der Handlung des Essens danke und würdige ich. Das ist mein Gebet. Warum eigentlich diese Worte, wenn ich doch in der Handlung des Essens mit meinem ganzen Wesen gegenwärtig bin, während die Worte meistens Wiederholungen sind, die nur schwer jeden Tag neu gefüllt werden können? Warum? Ist es nicht eine stille Entwürdigung des ganzen Essensvorganges, wenn ich meine, daß ich nicht dankbar gewesen bin, wenn ich es noch nicht verbalisiert habe? Das erinnert mich an Menschen, die zwar mit dem Mund »Danke« sagen, aber ihr ganzes Wesen ist nicht Dankbarkeit, sondern Forderung, während andere vielleicht noch nicht einmal das Wort »Danke« sagen, und doch spürt man ihnen ihre Dankbarkeit an. Mir ist das zweite viel echter und lieber.

Aber ich merke auch, daß essen und essen nicht dasselbe ist. Das schnelle Mich-Vollstopfen ist für mich auch nicht Beten. Ich würde es dem gedankenlosen Tischgebet zur Seite stellen. Wenn ich so esse, würdige ich das Essen nicht. Wenn Essen für mich Beten sein soll, dann hat es auch mit Zuwendung zu tun. Das Essen ansehen, die unterschiedlichen Farbtöne in einem Apfel wahrnehmen, die Gewürze riechen, das volle Korn in einem Schwarzbrot spüren und schmecken, die Augen schließen und die Gerüche in der Küche oder am Eßzimmertisch identifizieren, sich mal einen Tag lang auf ganz elementare Lebensmittel beschränken, eine Handvoll Reis, ein Stück trockenes Brot, ein Glas Wasser, das kann alles Würdigung sein.

Genießen gehört auch zum Essen dazu. Genießen und Genuß haben unter vielen Christen ja immer noch einen negativen Beigeschmack. Die Freude des Genießens hat für manche schon fast etwas Dekadentes an sich. Ich möchte lernen, das Genießen wirklich als Gebet zu sehen. Ich meine hier nicht opulente Mahlzeiten, bei denen auch noch das meiste fortgeworfen wird, sondern das Auskosten, das Wahrnehmen und Entdecken der Lebensmittel, die wir täglich zu uns nehmen. Ein Stück Schwarzbrot wieder einmal ganz langsam und ohne etwas drauf zu essen. Den Unterschied im Geschmack zwischen zwei Äpfeln wahrnehmen. Ein Glas kühler Milch verfolgen, wie sie in mir die Speiseröhre hinunterläuft zum Magen. Handlungen wie diese ganz tief in mich aufnehmen in dem Wissen, daß ich Geschenken Gottes begegne und Gott im Essen an mir handelt.

Über das Wunder der Entstehung dieser Lebensmittel nachdenken, vom kleinen Samen bis zum fertigen Produkt vor mir auf dem Tisch. An die Hände denken, die von Beginn an bis zum letzten Moment daran geschafft haben, daß alles jetzt vor mir steht. Und dann über das Wunder staunen, daß ich diese

Lebensmittel verdauen kann und mein Körper sich das aus ihnen nimmt und verwandelt, was er braucht.

Bei dem einfachen Vorgang des Essens haben wir es überall mit Wundern zu tun. Diese Wunder wahrzunehmen ist Beten. Wir hoffen, daß Beten nicht nur die Situation, sondern auch den Menschen selbst verwandelt; das ist bei dem Entdecken der Wunder, wie ich sie gerade angedeutet habe, sicherlich der Fall. Ein Mensch, der so ißt, wird erfüllt werden mit Dankbarkeit, mit Staunen, aber auch mit dem Schmerz für die Hungernden. Und wieder ist über die Handlung des Betens, diesmal des Tischgebets, die Verbindung des Betenden zu sich selbst, zur Welt und zu Gott hergestellt. Gott und die Welt kommen im Essen zu dem Essenden.

Ulrich Schaffer

Danke für alles, was in diesen Wochen schön ist,
was andere für mich getan haben,
was ich erleben und erfahren durfte,
für alle Menschen, die hier bei mir waren.
Verzeih alles, was ich nicht recht getan habe,
daß ich anderen geschadet habe,
daß andere vergebens Hilfe von mir
erwartet haben.
Ich danke dir, daß ich dir alles sagen kann.
Du hast versprochen, uns nah zu sein,
wie jemand, der neben uns am Tisch sitzt.
Gib, daß wir jetzt eine Tischgemeinschaft sind.

Wir wollen heut ein Mahl feiern
miteinander
und jeder
soll an Jesu Tod und Auferstehung denken

Wir wollen dann sein Brot teilen
miteinander
und jeder
soll ein Stück empfangen und davon essen

Wir wollen selber Brot werden
füreinander
und jeder
soll sich eine Scheibe abschneiden können.

LOTHAR ZENETTI

Gebet des Brotes

Vater im Himmel,
ich preise dich für mein Leben.
Für mich sterben die Weizenkörner,
mich wiegt der Wind in den Ährenfeldern,
die Erde nährt mich,
der Regen tränkt mich,
die Sonne macht reifes Korn aus mir.
Dann ist meine große Stunde gekommen.
Ich werde geschnitten, gedroschen, gemahlen

und im Feuer des Ofens gebacken.
Nun bin ich das tägliche Brot,
um das dich die Menschen anflehen.
Ich lasse mich essen,
damit die Menschen essen können.

Mein Schicksal ist dem deines Sohnes gleich:
Sterben, um Leben zu schenken.
Deshalb hat er mich auserwählt,
sein Leib zu werden,
Brot des Lebens zu sein,
Brot, das nicht nur satt macht,
Brot, das ewiges Leben gibt.
So werde ich in Jesus verwandelt.
So werde ich gebrochen und geteilt wie Jesus.
So sterbe ich wie Jesus.
So lebe ich in Ewigkeit wie Jesus.
So bin ich Brot
wie Jesus für alle.
Dank sei dir, Vater des Brotes. Amen.

Tischgebete aus Papua-Neuguinea

Vater,
wir leben von deinen Gaben.
Segne das Haus, segne das Brot.
Gib uns die Kraft,
von dem, was wir haben,
denen zu geben,
die in Hunger und Not sind.

Wir danken dir,
allmächtiger Gott,
für alle deine Wohltaten,
der du lebst und herrschst
in Ewigkeit. Amen.

Jesus,
du hast Brote und Fische gesegnet
und an viele Männer und Frauen verteilt.
Du hast keinen Menschen vergessen.
Du hast alle glücklich gemacht.
Segne dieses Essen und auch uns.

Hilf uns,
daß wir das Essen gerecht verteilen.
Keiner darf hungrig fortgehen.
Alle sollen essen und sich freuen.
Wir danken dir für unseren Anteil
an diesem guten Essen.

Gott Vater, schau, wir haben uns versammelt und wir freuen uns. Du liebst unsere Freude und unsere Feste. Früher nahm Jesus am Hochzeitsfest in Kana teil und freute sich mit allen. Wir wissen jetzt: Wenn wir an unsere Brüder denken und uns mit ihnen freuen, werden wir glücklich sein.

Jesus nahm einige Brote und Fische. Er verteilte sie, und viele tausend Menschen wurden satt. Jetzt wissen wir: Wenn wir unser Essen mit anderen teilen, wird unser Leib sich freuen, und wir werden eines Herzens sein.

Jesus ging in das Haus des Zachäus zum Essen. Jetzt wissen wir: Wenn wir zusammensitzen und mit anderen essen, werden wir Freunde sein.

Gott Vater, das Essen ist fertig. Der Geruch ist wunderbar, und das Wasser läuft uns im Munde zusammen. Segne unser Essen. Mache unseren Leib gut und unsere Freude groß. Du bist der Vater von allem; wir danken dir sehr.

Jesus
wir horchen miteinander
was wir sprechen
wir sprechen miteinander
was wir hoffen
wir hoffen miteinander
was du versprichst

wir verstehen dich
wenn wir einen von uns
verstehen
bei brot und wein
lache mit uns
wir gewinnen der erde
einen fleck land ab
wo menschen sind

ERNST EGGIMANN

Durch unsichtbare Fäden
bist du mit allem verbunden,
was dich umgibt.
Wenn du ausgesetzt
auf der Leere der weiten Ebene stehst,
siehst du deine Seele.
Wenn du über die Fülle des Blumenkelches staunst,
entdeckst du die Vielfalt deines Geistes.
Dein Leib ist wie eine Buche
mit ihren Wunden und Narben.

Was ich hier schreibe,
hast du vielleicht gestern schon gesagt.
Was du heute ahnst,
wird morgen jemand
in einem fremden Land
als Bild malen.

ULRICH SCHAFFER

Sie trinken auf ihre neue Freundschaft: »Wenn du fünf Fernsehgeräte hättest, würdest du mir eines schenken?« – »Freilich.« – »Wenn du fünf Autos hättest, würdest du mir eins schenken?« – »Freilich.« – »Wenn du fünf Hemden hättest, würdest du mir eins schenken?« – Der Gefragte schüttelt den Kopf. »Warum nicht?« – »Ich habe fünf Hemden.«

PETER BAMM

Man braucht nur eine Insel
allein im weiten Meer.
Man braucht nur einen Menschen,
den aber braucht man sehr.

MASCHA KALÉKO

Niemals die einen
gegen die andern

Niemals die einen
über den andern

Niemals die einen
ohne die andern

LOTHAR ZENETTI

Der kürzeste Weg zwischen zwei Menschen
ist ein Lächeln.

Zwei sind besser als einer allein,
falls sie nur reichen Ertrag
aus ihrem Besitz ziehen.
Denn wenn sie hinfallen,
richtet einer den anderen auf.
Doch wehe dem, der allein ist,
wenn er hinfällt,
ohne daß einer bei ihm ist,
der ihn aufrichtet.

Außerdem:
Wenn zwei zusammen schlafen,
wärmt einer den anderen;
einer allein – wie soll er warm werden?
Und wenn jemand einen einzelnen
auch überwältigt,
zwei sind ihm gewachsen,
und eine dreifache Schnur
reißt nicht so schnell.

Kohelet 4,9–12

Gemeinsam Seinen Weg gehen
in der Dunkelheit
wohin er uns auch führt
allein find' ich ihn nicht

Einander bei der Hand halten
in der Dunkelheit
daß keiner sich verirrt
verlaßt mich bitte nicht

Gemeinsam Seinen Tod sterben
in der Dunkelheit
und mit ihm auferstehn
so fürchte ich mich nicht

LOTHAR ZENETTI

Friedensgruß

Wir geben uns die Hände und wünschen uns Frieden. Wir ergreifen die Hand, die uns geboten wird. Wir sagen: Friede! Weil du bei mir bist und Frieden möglich machst.

Gott
einmal muß das fest kommen
das fest der großen trunkenheit
das fest der großen einigkeit
das fest der großen vielfalt
einmal muß das fest kommen
an dem großen tisch der welt
der zum himmel wurde
an dem großen tisch an dem niemand fehlt
bei dem mahl
von dem keiner sich abmeldete
weil er was besseres
und wichtigeres zu tun hatte
einmal muß der tag doch kommen
von dieser hoffnung leben wir
gott
und darum sind wir hier zusammen
weil wir auf diesen tag hin
verwandelt werden wollen
fähig werden wollen für dieses fest
einig werden wollen zu diesem mahl
schritt für schritt einander entgegen
gott

WILHELM WILLMS

Herr,
wir sind mehr als zwei oder drei.
Gestern kannten wir uns noch nicht,
heute essen wir miteinander,
morgen sind wir vielleicht Freunde.
Ferien machen mich mutig,
öffnen meine Türen,
und ein Fest beginnt.
Ich ahne,
wo der Himmel ist.
Ich ahne,
was du meinst mit dem großen Fest
in deinem Reich.
Ich ahne:
Du bist da.

Kurt Weigel

Am Lagerfeuer

Herr, wir wollen dir heute ein Feuerchen machen, einen kleinen Scheiterhaufen, und unsere Luftschlösser darin verbrennen. Aus den Scheiten und dem dürren Holz wirst du das Ächzen hören und das Stöhnen sterbender Träume. Aber im Rauch, hörst du, Herr, haben wir dir ein Loblied versteckt.

Hans Staiger

Bleibe bei uns, Herr,
denn es will Abend werden
und der Tag hat sich geneigt.

Bleibe bei uns und bei allen Menschen.
Bleibe bei uns am Abend des Tages,
am Abend des Lebens, am Abend der Welt.

Bleibe bei uns mit deiner Gnade und Güte,
mit deinem Wort und Sakrament,
mit deinem Trost und Segen.

Bleibe bei uns, wenn über uns kommt
die Nacht der Trübsal und Angst,
die Nacht des Zweifels und der Anfechtung,
die Nacht des bitteren Todes.

Bleibe bei uns und bei allen deinen Kindern
in Zeit und Ewigkeit.

ABENDGEBET DER KIRCHE

Sei ein wenig für Gott da.
Ruhe dich ein wenig in Ihm aus.

ANSELM VON CANTERBURY

Haben wir diesen Tag gelebt, Herr,
wie es dir gefällt?
Sind wir geduldig, schlicht und liebevoll gewesen?
Haben wir jenen genug Zeit gegeben,
die zu uns kamen?
Haben wir ihre Hoffnung beantwortet,
wenn sie fragten?
Haben wir sie umarmt, wenn sie weinten?
Haben wir sie zärtlich aufgemuntert,
bis ihr Lachen wieder da war?
Haben wir Blumen gegeben mit dem Brot?
Haben wir deine Freude zum Blühen gebracht?
Sind wir unseren Brüdern immer Brüder gewesen?
Wenn das alles nicht so war, Herr, verzeihe uns.
Und selbst wenn es so war, es genügt nicht.
Umgib uns jeden Tag mit mehr Liebe.

Abendgebet der »Kleinen Brüder und Schwestern
von Charles de Foucauld«

Dies ist die Nacht des Lichtes.
Wir werden hinausgeführt aus der Dunkelheit unseres Lebens; die Lichter in unseren Händen sollen Leuchtfeuer für die Menschen sein.

Dies ist die Nacht des Auszugs aus der Unterdrückung. Wir werden weggerufen von den Fleischtöpfen Ägyptens, um uns auf den Weg in eine neue Zukunft zu machen.

Dies ist die Nacht der Auferstehung, Christus stand auf von dem Tod, um auch uns zu befreien.

Dies ist die Nacht des neuen Lebens. Die Mauern der Schuld werden niedergerissen; wir leben in der Vergebung Gottes und gestalten eine neue Welt.

Dies ist die Nacht der Versöhnung. Menschen gehen aufeinander zu, reichen sich die Hände, sprechen und tanzen miteinander – sie bringen Leben, wo Tod war.

Dies ist die Nacht, in der die Töne des Todes verstummen und die Melodie des Lebens neu angestimmt wird.

Laßt uns ein neues Lied singen
von Tod und Auferstehung.

MANFRED FRIGGER

Wir brauchen nicht so fort zu leben,
wie wir gestern gelebt haben.
Macht euch nur von dieser Anschauung los,
und tausend Möglichkeiten
laden uns zu neuem Leben ein.

CHRISTIAN MORGENSTERN

Die Erde schaut uns an

Wie man die Schöpfung verstehen kann:

Über die Verbundenheit mit der Natur,
das Erlebnis der Schöpfung,
das Lob Gottes in der Materie
und die Hoffnung des kleinen blauen Planeten.

Der Leiter hatte einige Stammesführer der Wüstenbewohner zu einem kräftigen Wasserfall gebracht. Dumpf rauschend fiel er herab. Sie hatten sofort von dem Wasser gekostet. Es war süß.

Sie standen stumm und starrten auf diese Wasserfülle. Wasser, das in der Wüste sein Gewicht in Gold wert ist. Es war ihnen, als wenn die Wasservorräte der ganzen Welt aus einem lecken Speicher auszulaufen drohten.

Schließlich sagte der Leiter der Gruppe: »Gehen wir weiter!« Sie aber rührten sich nicht von der Stelle und baten nur: »Noch einen Augenblick!«

Weiter sprach keiner ein Wort. Stumm und ernst schauten sie: Hier lief aus dem Bauch des Berges soviel heiliger Lebensstoff, daß er ganze verschmachtende Karawanen zum Leben erwecken konnte.

Hier zeigte sich Gott für sie sichtbar. Hier konnte man nicht gleich einfach weitergehen.

Der Führer mahnte wieder: »Weiter ist hier nichts zu sehen. Kommt!«

Sie antworteten:

»Nein. Wir müssen warten!«

»Worauf denn?«

»Bis es aufhört!«

ANTOINE DE SAINT-EXUPÉRY

Bäume sind für mich immer die eindringlichsten Prediger gewesen. Ich verehre sie, wenn sie in Völkern und Familien leben, in Wäldern und Hainen. Und noch mehr verehre ich sie, wenn sie einzeln stehen. Sie sind wie Einsame. Nicht wie Einsiedler, welche aus irgendwelcher Schwäche sich davongestohlen haben, sondern wie große, vereinsamte Menschen, wie Beethoven und Nietzsche. In ihren Wipfeln rauscht die Welt, ihre Wurzeln ruhen im Unendlichen; allein sie verlieren sich nicht darin, sondern erstreben mit aller Kraft ihres Lebens nur das eine: ihr eigenes, in ihnen wohnendes Gesetz zu erfüllen, ihre eigene Gestalt auszubauen, sich selbst darzustellen. Nichts ist heiliger, nichts ist vorbildlicher als ein schöner, starker Baum. Wenn ein Baum umgesägt worden ist und seine nackte Todeswunde der Sonne zeigt, dann kann man auf der lichten Scheibe seines Stumpfes und Grabmals seine ganze Geschichte lesen: In den Jahresringen und Verwachsungen steht aller Kampf, alles Leid, alle Krankheit, alles Glück und Gedeihen treu geschrieben, schmale Jahre und üppige Jahre, überstandene Angriffe, überdauerte Stürme. Und jeder Bauernjunge weiß, daß das härteste und edelste Holz die engsten Ringe hat, daß hoch auf Bergen und in immerwährender Gefahr die unzerstörbarsten, kraftvollsten, vorbildlichsten Stämme wachsen.

Bäume sind Heiligtümer. Wer mit ihnen zu sprechen, wer ihnen zuzuhören weiß, der erfährt die

Wahrheit. Sie predigen nicht Lehren und Rezepte, sie predigen, um das einzelne unbekümmert, das Urgesetz des Lebens.

Ein Baum spricht: In mir ist ein Kern, ein Funke, ein Gedanke verborgen, ich bin Leben vom ewigen Leben. Einmalig ist der Versuch und Wurf, den die ewige Mutter mit mir gewagt hat, einmalig ist meine Gestalt und das Geäder meiner Haut, einmalig das kleinste Blätterspiel meines Wipfels und die kleinste Narbe meiner Rinde. Mein Amt ist, im ausgeprägten Einmaligen das Ewige zu gestalten und zu zeigen.

Ein Baum spricht: Meine Kraft ist das Vertrauen. Ich weiß nichts von meinen Vätern, ich weiß nichts von den tausend Kindern, die in jedem Jahr aus mir entstehen. Ich lebe das Geheimnis meines Samens zu Ende, nichts andres ist meine Sorge. Ich vertraue, daß Gott in mir ist. Ich vertraue, daß meine Aufgabe heilig ist. Aus diesem Vertrauen lebe ich.

Wenn wir traurig sind und das Leben nicht mehr gut ertragen können, dann kann ein Baum zu uns sprechen: Sei still! Sei still! Sieh mich an! Leben ist nicht leicht, Leben ist nicht schwer. Das sind Kindergedanken. Laß Gott in dir reden, so schweigen sie. Du bangst, weil dich dein Weg von der Mutter und Heimat wegführt. Aber jeder Schritt und Tag führt dich neu der Mutter entgegen. Heimat ist nicht da oder dort. Heimat ist in dir innen, oder nirgends.

Wandersehnsucht reißt mir am Herzen, wenn ich

Bäume höre, die abends im Wind rauschen. Hört man still und lange zu, so zeigt auch die Wandersehnsucht ihren Kern und Sinn. Sie ist nicht Fortlaufenwollen von dem Leide, wie es schien. Sie ist Sehnsucht nach Heimat, nach Gedächtnis der Mutter, nach neuen Gleichnissen des Lebens. Sie führt nach Hause. Jeder Weg führt nach Hause, jeder Schritt ist Geburt, jeder Schritt ist Tod, jedes Grab ist Mutter.

So rauscht der Baum im Abend, wenn wir Angst vor unsern eigenen Kindergedanken haben. Bäume haben lange Gedanken, langatmige und ruhige, wie sie ein längeres Leben haben als wir. Sie sind weiser als wir, solange wir nicht auf sie hören. Aber wenn wir gelernt haben, die Bäume anzuhören, dann gewinnt gerade die Kürze und Schnelligkeit und Kinderhast unserer Gedanken eine Freudigkeit ohnegleichen. Wer gelernt hat, Bäumen zuzuhören, begehrt nicht mehr, ein Baum zu sein. Er begehrt nichts zu sein, als was er ist. Das ist Heimat. Das ist Glück.

HERMANN HESSE

Die großen Taten der Menschen
sind nicht die,
welche lärmen.
Das Große geschieht so schlicht
wie das Rieseln des Wassers,
das Fließen der Luft,
das Wachsen des Getreides.

ADALBERT STIFTER

Die Wälder wachsen noch.
Die Äcker tragen noch.
Die Städte stehen noch.
Die Menschen atmen
noch.

BERTOLT BRECHT

Ohne Gott bin ich ein Fisch am Strand,
ohne Gott ein Tropfen in der Glut,
ohne Gott bin ich ein Gras im Sand,
und ein Vogel, dessen Schwinge ruht.
Wenn mich Gott bei meinem Namen ruft,
bin ich Wasser, Feuer, Erde, Luft.

JOCHEN KLEPPER

Solang es Menschen gibt auf Erden,
solang die Erde Früchte trägt,
solang bist du uns allen Vater;
wir danken dir für das, was lebt.

Solang die Menschen Worte sprechen,
solang dein Wort zum Frieden ruft,
solang hast du uns nicht verlassen.
In Jesu Namen danken wir.

Du nährst die Vögel in den Bäumen,
du schmückst die Blumen auf dem Feld,
du machst ein Ende meinem Sorgen,
hast alle Tage schon bedacht.

Du bist das Licht, schenkst uns das Leben;
du holst die Welt aus ihrem Tod,
gibst deinen Sohn in unsere Hände.
Er ist das Brot, das uns vereint.

Darum muß jeder zu dir rufen,
den deine Liebe leben läßt:
Du, Vater, bist in unserer Mitte,
machst deinem Wesen uns verwandt.

DIETER TRAUTWEIN

Entwurf für ein Osterlied

Die Erde ist schön, und es lebt sich
leicht im Tal der Hoffnung.
Gebete werden erhört. Gott wohnt
nah hinterm Zaun.

Die Zeitung weiß keine Zeile vom
Turmbau. Das Messer
findet den Mörder nicht. Er
lacht mit Abel.

Das Gras ist unverwelklicher
grün als der Lorbeer. Im
Rohr der Rakete
nisten die Tauben.

Nicht irr surrt die Fliege an
tödlicher Scheibe. Alle
Wege sind offen. Im Atlas
fehlen die Grenzen.

Das Wort ist verstehbar. Wer
Ja sagt, meint Ja, und
Ich liebe bedeutet: jetzt und
für ewig.

Der Zorn brennt langsam. Die
Hand des Armen ist nie ohne
Brot. Geschosse werden im Flug
gestoppt.

Der Engel steht abends am Tor. Er
hat gebräuchliche Namen und
sagt, wenn ich sterbe:
Steh auf.

RUDOLF OTTO WIEMER

Sonnengesang

Gelobt seist du, mein Herr,
mit allen deinen Geschöpfen,
mit unserer Schwester Sonne,
die uns den Tag schenkt durch ihr Licht.
Und schön ist sie und strahlend
in großem Glanze.

Gelobt seist du, mein Herr,
durch Bruder Mond und die Sterne,
am Himmel schufest du sie
leuchtend und kostbar und schön.

Gelobt seist du, mein Herr,
durch Bruder Wind und die Luft,
durch wolkig und heiter
und jegliches Wetter.

Gelobt seist du, mein Herr,
durch Schwester Wasser,
nützlich ist sie
und demütig und köstlich und keusch.

Gelobt seist du, mein Herr,
durch Bruder Feuer,
durch den du die Nacht uns erleuchtest,
fröhlich ist er
und gewaltig und stark.

Gelobt seist du, mein Herr,
durch unsere Mutter Erde,
die uns ernährt und erhält,
vielerlei Frucht trägt
und bunte Blumen, Kräuter und Gräser.

Gelobt seist du, mein Herr,
durch unsern Bruder, den Tod,
dem kein lebendiger Mensch entrinnt.

Lobt und preist meinen Herrn,
und dankt und dient ihm
in großer Demut.

Franziskus von Assisi

Gott, wir danken dir, daß du die Welt so herrlich erschaffen hast. Wir danken dir für den Glanz des Morgens, für die Strahlen der Sonne, für die Sterne in der Nacht. Wir danken dir dafür, daß du deinen Sohn Jesus Christus in diese Welt gesandt hast. In ihm hast du uns erneut deine Größe und Güte bewiesen. Denn er führt uns Menschen zu einer Gemeinschaft zusammen, in der wir deine Gegenwart erfahren. Du bist bei uns und schaffst dein Reich in dieser Welt. So können wir in Liebe miteinander leben und uns freuen, daß wir da sind.

O Herr der Welt, höre mich. Von der Himmelshöhe, von der Meerestiefe, wo immer du bist, Schöpfer der Welt. Du Schöpfer der Menschen, Herr aller Herren.

Zu dir komme ich, allein und mit schwachen Augen, voll Sehnsucht, dich zu erkennen. Du siehst mich. Du kennst mich.

Sonne und Mond, Tag und Nacht, Frühling und Winter, sie alle eilen, wie du es gebietest, von ihrem Anfang zu ihrem Ziel.

O höre mich an, laß mich zu dir, meinem Ziel, kommen, daß ich nicht ermatte auf dem Wege, und gib mir das Leben.

Gebet der Indianer

Großer Geist, dessen Stimme ich in den Winden vernehme
und dessen Atem der ganzen Welt Leben spendet, erhöre mich!
Ich trete vor dein Angesicht als eines deiner vielen kleinen Kinder.
Siehe, ich bin klein und schwach; ich
ich brauche deine Kraft und Weisheit.
Laß mich in Schönheit wandeln
und meine Augen immer den purpurroten Sonnenuntergang schauen.
Mögen meine Hände die Dinge achten, die du geschaffen hast,
und meine Ohren deine Stimme hören!
Mache mich weise, damit ich die Dinge erkennen kann,
die du mein Volk gelehrt hast,
die Lehre, die du in jedem Blatt und jedem Felsen verborgen hast.
Ich sehne mich nach Kraft, nicht um meinen Brüdern
überlegen zu sein, sondern um meinen größten Feind
– mich selbst – bekämpfen zu können.
Mache mich stets bereit, mit reinen Händen und aufrichtigen Augen zu dir zu kommen,
damit mein Geist, wenn das Leben wie die untergehende

Sonne verschwindet, zu dir gelangen kann,
ohne sich schämen zu müssen.

GEBET DER SIOUX-INDIANER

Die Morgenröte kleidet sich in ihr Lichtgewand.
Sie will Ehre erweisen dem Schöpfer der
Menschen.

Der hohe Himmel legt die Decke seiner Wolken
von sich.
Er beugt sich vor dem Schöpfer der Menschen.

Die Sonne, die Königin unter den Sternen,
breitet ihre Strahlen aus wie goldenes Haar.

Der Wind, der über die Erde geht, streichelt auf
seinem Weg die Wipfel der Bäume, und wir hören
ihn reden in den Zweigen.

In den Bäumen singen die Vögel und bringen ihr
Lied dar dem Herrn der Erde.

Die Blumen breiten ihre Farben aus und ihren
Duft.
Es ist herrlich, sie zu sehen.

So rühmt auch mein Herz dich, meinen Vater, bei
jeder Morgenröte aufs neue, du, mein Schöpfer.

GEBET DER INDIANER PERUS

Ich bin beschämt vor der Erde.
Ich bin beschämt vor den Himmeln.
Ich bin beschämt vor der Dämmerung
des Morgens.
Ich bin beschämt vor dem Zwielicht des Abends.
Ich bin beschämt vor dem Blau des Himmels.
Ich bin beschämt vor der Sonne.
Ich bin beschämt vor der Stimme in mir,
die mit mir spricht.
Manches sieht mich beständig an.
Ich bin nie außer Sicht.
Deshalb muß ich die Wahrheit sagen.
Ich halte mein Wort fest an mein Herz.

VON DEN NAVAHOS

Herr, unsere Erde ist nur ein kleines Gestirn im großen Weltall. An uns liegt es, daraus einen Planeten zu machen, dessen Geschöpfe nicht von Kriegen gepeinigt werden, nicht von Hunger und Furcht gequält, nicht zerrissen in sinnloser Trennung nach Rasse, Hautfarbe oder Weltanschauung.

Gib uns den Mut und die Voraussicht, schon heute mit diesem Werk zu beginnen, damit unsere Kinder und Kindeskinder einst mit Stolz den Namen Mensch tragen.

GEBET DER VEREINTEN NATIONEN

Quellennachweis

S. 5 HELDER CAMARA aus: Die Wüste ist fruchtbar, Graz/Wien/Köln 1972 (Styria); S. 7 MANFRED FRIGGER aus: Zeit für mich – Zeit für Gott, Freiburg/Basel/Wien ³1988 (Herder); S. 8 aus: Gemeindeveranstaltungen, Bd. 12, Stuttgart 1966 (Ehrenfried Klotz); S. 9 KLEMENS ULLMAN aus: Zum Beispiel, Leipzig o. J. (St. Benno); S. 16 EUGEN RUCKER aus: Symbolgeschichten, München 1975 (J. Pfeiffer); S. 17 MAX FRISCH aus: Tagebuch 1946 bis 1949, Frankfurt 1950 (Suhrkamp); S. 18 LOTHAR ZENETTI aus: Texte zur Zuversicht, München ⁵1981 (J. Pfeiffer); S. 19 ANTOINE DE SAINT-EXUPÉRY aus: Der kleine Prinz, Düsseldorf 1957 (Karl Rauch); S. 20 RAINER MARIA RILKE aus: Sämtliche Werke. Die Weise von Liebe und Tod des Cornets Christoph Rilke, Frankfurt 1955 (Insel); S. 21 NORBERT KOLLENDA aus: Zum Beispiel, Leipzig o. J. (St. Benno); S. 23 KURT WEIGEL aus: Gebete – nicht nur für den Urlaub, Limburg 1988 (Lahn); S. 23 DOROTHEE SÖLLE aus: Phantasie und Gehorsam, Stuttgart 1967 (Kreuz); S. 26/27 HUUB OOSTERHUIS aus: Dein Trost ist nah, Wien/Freiburg/Basel (Herder); S. 28 JOACHIM RINGELNATZ aus: Und auf einmal steht es neben dir, Berlin 1980 (Karl H. Henssel); S. 32 JÖRG ZINK aus: Wie wir beten können, Stuttgart 1970 (Kreuz); S. 33 ANTOINE DE SAINT-EXUPÉRY aus: Der kleine Prinz, Düsseldorf 1957 (Karl Rauch); S. 34 WLADIMIR LINDENBERG aus: Die Menschheit betet, München/Basel 1970 (Ernst Reinhardt); S. 35 ULRICH SCHAFFER aus: Überrascht vom Licht, Wuppertal ⁴1984 (Oncken); S. 36 JÖRG ZINK aus: Die Mitte der Nacht ist der Anfang des Tages, Stuttgart 1968 (Kreuz); S. 37 ULRICH SCHAFFER aus: Kreise schlagen, Wuppertal/Kassel ¹¹1987 (Oncken); S. 38 CHRISTA REINIG aus: Sämtliche Gedichte, Düsseldorf 1984 (Eremiten-Presse); S. 39 Hermann Hesse aus: Gesammelte Werke, Frankfurt 1970 (Suhrkamp); S. 41 Thomas Brasch aus: Kargo 32. Versuch auf einem untergehenden Schiff aus der eigenen Haut zu kommen, Frankfurt 1977 (Suhrkamp); S. 41 Ernesto Cardenal aus: Das Buch von der Liebe, Wuppertal 1980 (Peter Hammer); S. 42 Otmar Schnurr aus: Zündfunken, München 1985 (Kösel); S. 42/43 Ursula Wölfel aus: Joschis Garten, Stuttgart, 1979 (Hoch Verlag); S. 43/44 Ulrich Schaffer aus: Beten über Worte hinaus, Stuttgart 1988 (Kreuz); S. 44 Günter Kunert aus: Erinnerung an einen Planeten, München 1963 (Carl Hanser); S. 45 Mascha Kaléko aus: In meinen Träumen läutet es Sturm (Deutscher Taschenbuch Verlag); S. 46 Dietrich Bonhoeffer aus: Widerstand und Ergebung, München [3]1985 (Chr. Kaiser); S. 48 Lothar Zenetti aus: Sieben Farben hat das Licht, München 1975 (J. Pfeiffer); S. 49/50 Wilhelm Willms aus: der geerdete himmel, Kevelaer [7]1986 (Butzon & Bercker); S. 51/52 Action 365 aus: Beten im Alltag, Frankfurt o. J. (action 365); S. 52–57 Ulrich Schaffer aus: Neues umarmen, Stuttgart 1984 (Kreuz); S. 57/58 Herman van Veen © Harlekijn Holland B.V. Westbroek; S. 59 Lothar Zenetti aus: Sieben Farben hat das Licht, München 1975 (J. Pfeiffer); S. 60 Huub Oosterhuis aus: Mitten unter uns, Wien 1982 (Herder); S. 61/62 Jörg Zink aus: Wie wir beten können, Stuttgart 1970 (Kreuz); S. 62/63 Jörg Zink aus: Wie wir beten können, Stuttgart 1970 (Kreuz); S. 64/65 Ulrich Schaffer aus: Beten über Worte hinaus, Stuttgart 1988 (Kreuz); S. 67 Josef Reding aus: Nennt sie beim Namen (Herder) © beim Autor; S. 68/69 Lothar Zenetti aus: Texte der Zuversicht, München [5]1981 (J. Pfeiffer); S. 75–78 Ulrich Schaffer aus: Beten über Worte hinaus, Stuttgart 1988 (Kreuz); S. 79 Lothar Zenetti aus: Texte der Zuversicht, München ^{5}1981 (J. Pfeiffer); S. 82/83 Ernst Eggimann aus: Jesus-Texte, Zürich 1972 (Die Arche); S. 83 Ulrich Schaffer aus: Beten über Worte hinaus, Stuttgart 1988 (Kreuz); S. 84 Peter Bamm aus: Die unsichtbare Flagge, in: Werke II, Zürich 1967; S. 84 Mascha Kaléko aus: In meinen Träumen läutet es Sturm (Deutscher Taschenbuch Verlag); S. 84/86 Lothar Zenetti aus: Texte der Zuversicht, München ^{5}1981 (J. Pfeiffer); S. 87 Wilhelm Willms aus: der geerdete himmel, Kevelaer ^{7}1986 (Butzon & Bercker); S. 88 Kurt Weigel aus: Gebete – nicht nur für den Urlaub, Limburg 1988 (Lahn); S. 88 Hans Staiger aus: Wolfgang Fietkau (Hrsg.), Poeten beten, Wuppertal 1969 (Jugenddienst); S. 91 Manfred Frigger aus: Zeit für mich – Zeit für Gott, Freiburg/Basel/Wien ^{3}1988 (Herder); S. 92 Christian Morgenstern aus: Gesammelte Werke, München 1965 (R. Piper); S. 94 Antoine de Saint-Exupéry aus: Romane und Dokumente, Düsseldorf 1967 (Karl Rauch); S. 95–97 Hermann Hesse aus: Gesammelte Werke, Frankfurt 1970 (Suhrkamp); S. 98 Bertolt Brecht aus: Gesammelte Werke, Frankfurt 1967 (Suhrkamp); S. 99 Dieter Trautwein aus: Schalom © Burckhardthaus-Laetare, Offenbach; S. 100 Rudolf Otto Wiemer aus: Ernstfall, Stuttgart ^{2}1973 (J. F. Steinkopf).

Inhalt

Der Weg ist das Ziel 5

Wie man das Reisen er-fahren kann:

Über das Aufbrechen und Loslassen,
das Unterwegssein und Ankommen,
die Heimat in der Fremde,
das Suchen und Finden,
das Abreisen und Abschiednehmen
und den Geschmack der Freiheit.

Die Sehnsucht nach Anderswo 25

Was man für sich allein tun kann:

Über das Aufwachen und Staunen,
das Zeithaben und Wünschen,
das Gebären neuer Gedanken und Ideen,
das Leise und Zarte
und das Gespräch mit Gott.

Träume fangen an zu leben 71

Was man gemeinsam mit anderen tun kann:

Über das Erfahren der Gemeinschaft,
das Sich-Versöhnen und -Verschwistern,
das Feiern und Essen,
das Teilen und Lieben
und das Abenteuer der Freundschaft.

Die Erde schaut uns an 93

Wie man die Schöpfung verstehen kann:

Über die Verbundenheit mit der Natur,
das Erlebnis der Schöpfung,
das Lob Gottes in der Materie
und die Hoffnung des kleinen blauen Planeten.

Quellennachweis 107

Weiterhin sind beim Kreuz Verlag als Pocket-Buch erschienen:

Ein Augenblick für mich
365 Weisheiten von A bis Z
112 Seiten, kartoniert · ISBN 3-7831-1068-8
Christliche Weisheiten für jeden Tag des Jahres.

Bibel, die lebendig wird
Überraschungen mit einem alten Buch
112 Seiten, kartoniert · ISBN 3-7831-1071-8
Eine lebendige Annäherung an das Buch der Bücher.

Morgenrot und Abendstern
Neue Gebete
112 Seiten, kartoniert · ISBN 3-7831-1070-X
Neu verfaßte Gebete begleiten durch den Tag und durch die Woche.

KREUZ: Bücher zum Leben.